DER PERFEKTE SCHNEEMANN

TRÖTSCH VERLAG

Der Schneemann-Wettbewerb wird bald beginnen.
Der Bär und seine Freunde wollen gewinnen!

Willkommen zu Schneehausens
Schneemann-Wettbewerb!

Sie üben und rollen die Kugeln herum,
doch ihre Schneemänner sind schief und krumm.

„Wartet!", ruft Bärchen.
„Ich weiß, was wir tun."

Er holt eine Karte mit Kompass dazu.

„Wir brauchen ein wenig magischen Schnee,
dann wird unser Schneemann perfekt – juchhe!"

Schon geht's auf die Reise, Proviant ist dabei.
Durch Höhlen, über Wasser, an Wäldern vorbei ...

Sie fliegen hinauf auf den Berg, sehr weit weg,
die Spitze ist hinter den Wolken versteckt.

Huuuiii!

Der Schnee wirbelt heftig,
die Bäume, sie knarren.

Hier in der Höhle
sollen die Freunde verharren!

Der Schneesturm wird stärker, Bärchen kann kaum mehr sehen.
Doch das Ziel ist schon nah, er will weitergehen.

Was schimmert und funkelt hier vor seinen Augen?
Der magische Schnee! Er kann es kaum glauben!

Den Eimer gefüllt,
dann saust er zurück ...

... zu seinen Freunden, die jubeln vor Glück!

Im Traum haben sie den Pokal längst gewonnen ...

... doch nun aber los!
„Der Wettbewerb
hat schon begonnen!"

Bärchen ist schnell,
doch er stolpert ...

oh weh!

Der Eimer kippt um und hinfort ist **der Schnee!**

Sie eilen zurück, doch der Bär ist bedrückt.
„Wie sollen wir gewinnen,
wenn kein Schneemann uns glückt?"

Der Fuchs tröstet ihn:
„Ach, lass dir den Spaß nur nicht verderben.
Unser Schneemann wird ein besonderer werden!"

Ihr Schneemann ist klumpig.

Zu groß ist der Hut.

Doch die Knöpfe aus Keks, die stehen ihm gut!

Willkommen zu Schneehausens
Schneemann-Wettbewerb!

„Ich mag ihn, genau wie er ist", ruft der Bär.
„Das war ein Spaß wie schon lange nicht mehr!"

Preisrichterin Eule schaut sich alles an,
schreibt an jeden Schneemann die Punktezahl dran.

Nun ist sie fertig und muss sich entscheiden.
Welchen Schneemann mag sie am liebsten leiden?

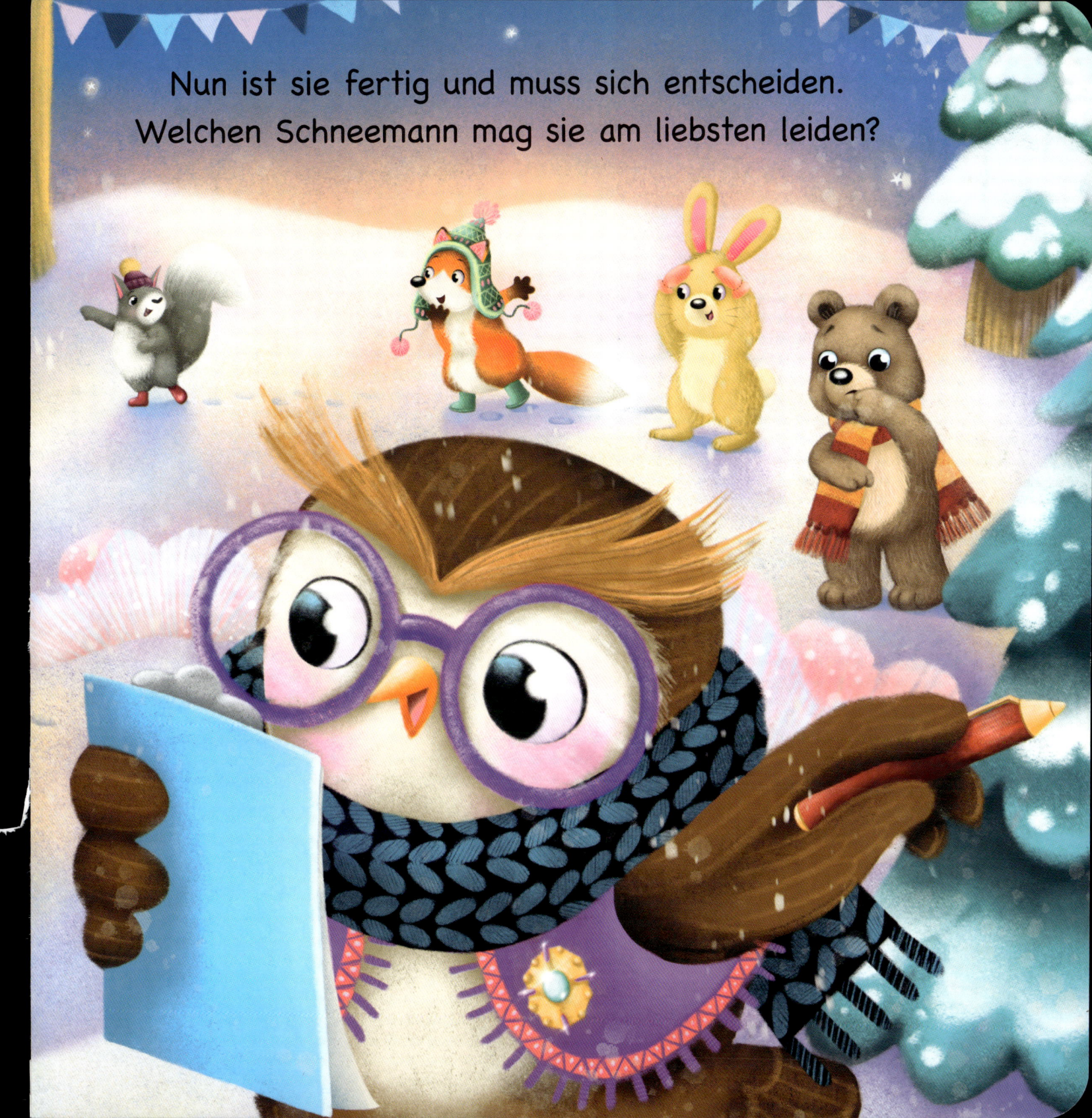

Hurra!
Die Freunde gewinnen, die vier sind so froh.
Verblüfft fragt das Bärchen: „Wir? Aber wieso?"

Willkommen zu Schneehausens
Schneemann-Wettbewerb!

1.